AF350810

Buchstabe A

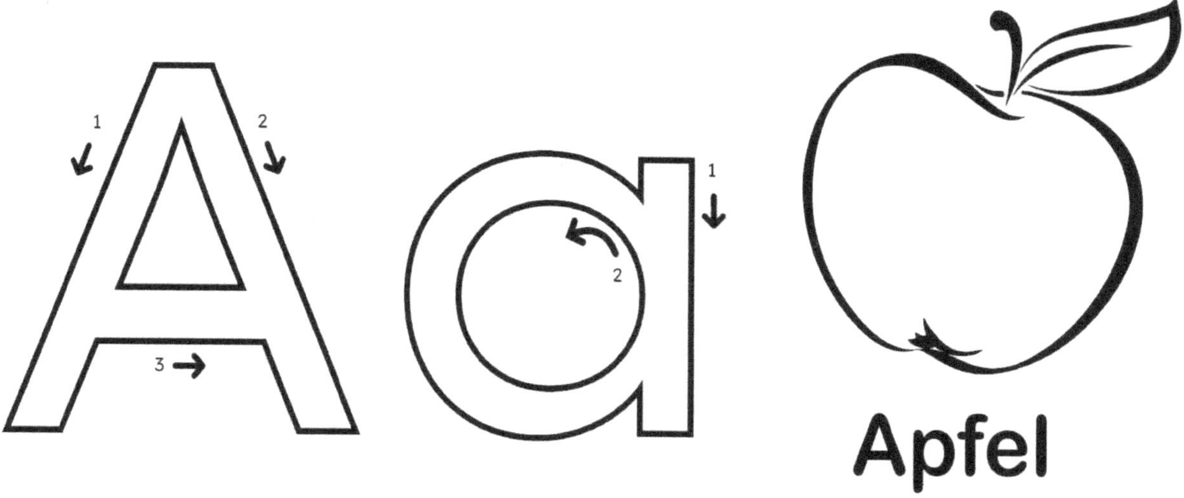

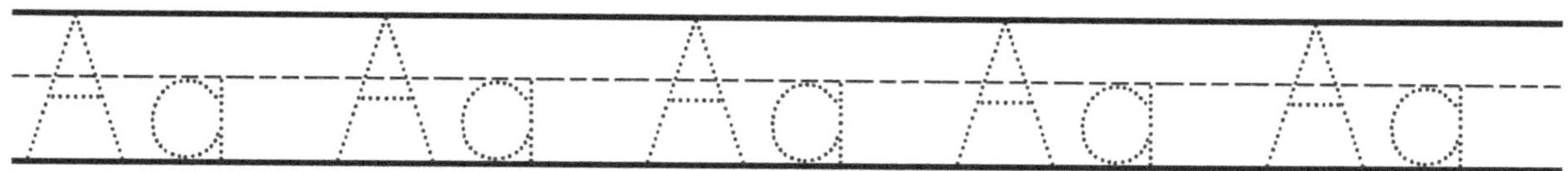

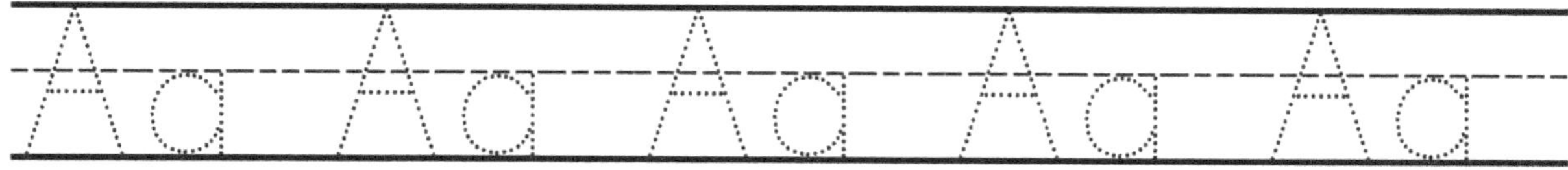

Bitte male die Bilder, die mit A anfangen an!

Buchstabe B

Bitte male die Bilder, die mit B anfangen an!

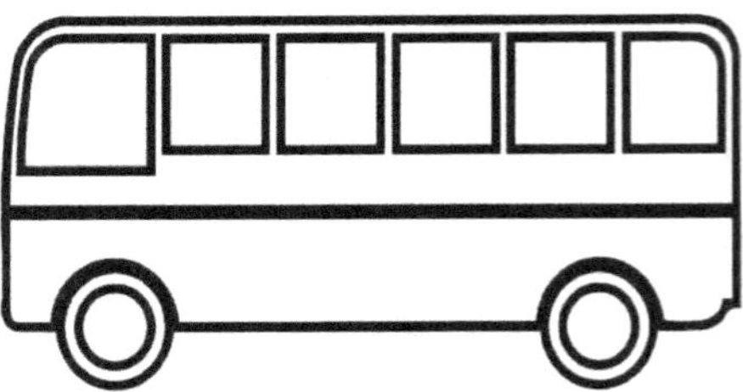

Buchstabe C

Clown

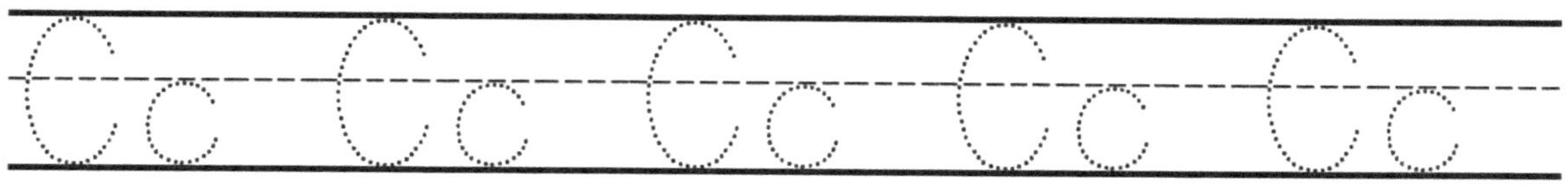

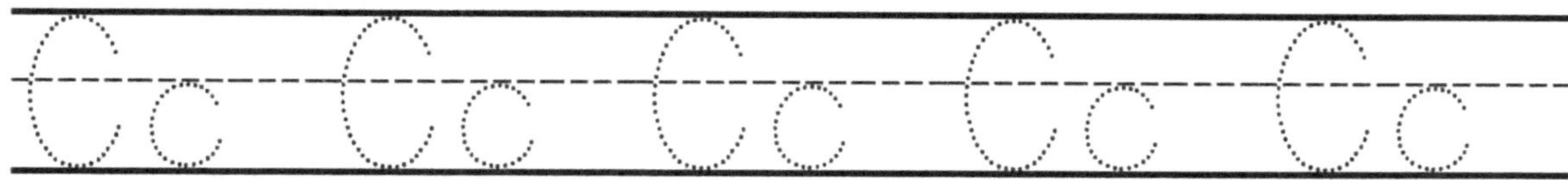

Bitte male die Bilder, die mit C anfangen an!

Buchstabe D

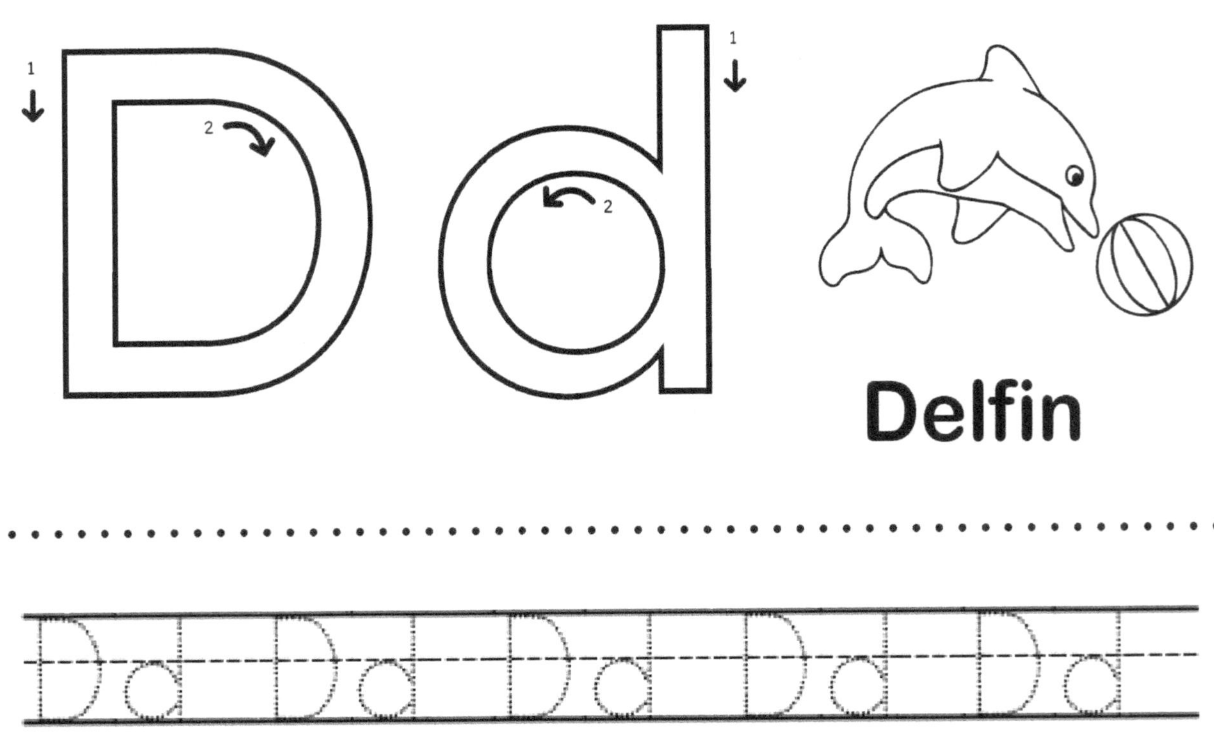

Bitte male die Bilder, die mit D anfangen an!

Buchstabe E

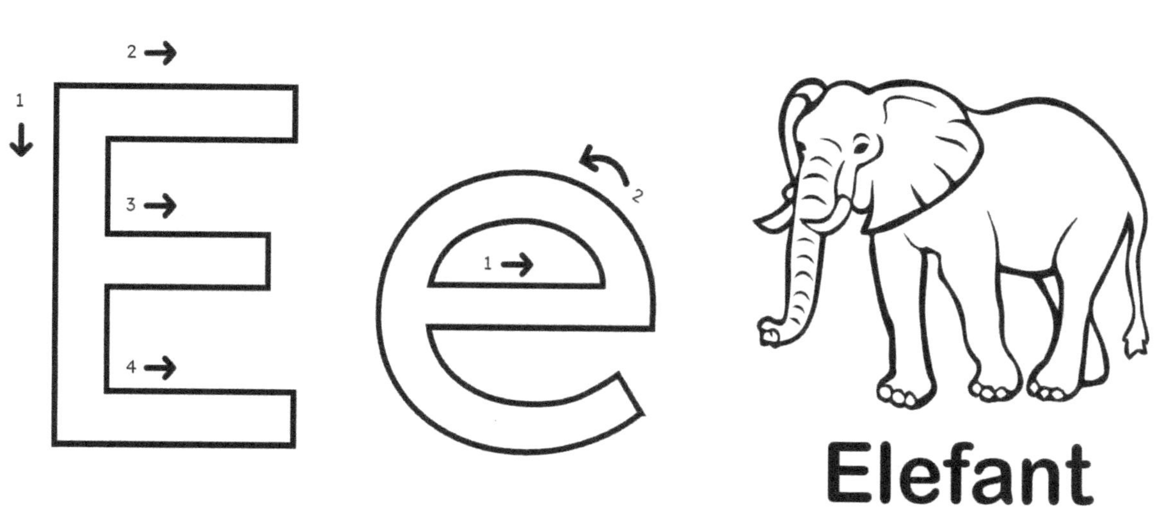

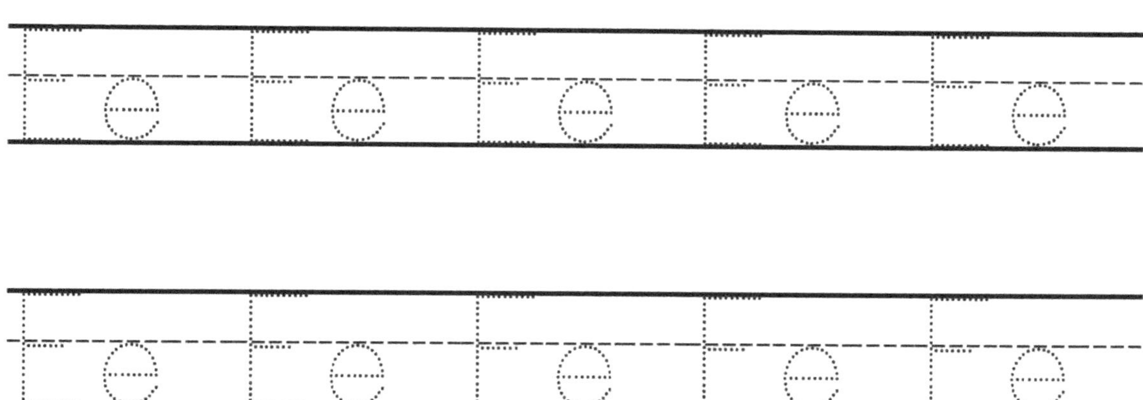

Bitte male die Bilder, die mit E anfangen an!

Buchstabe F

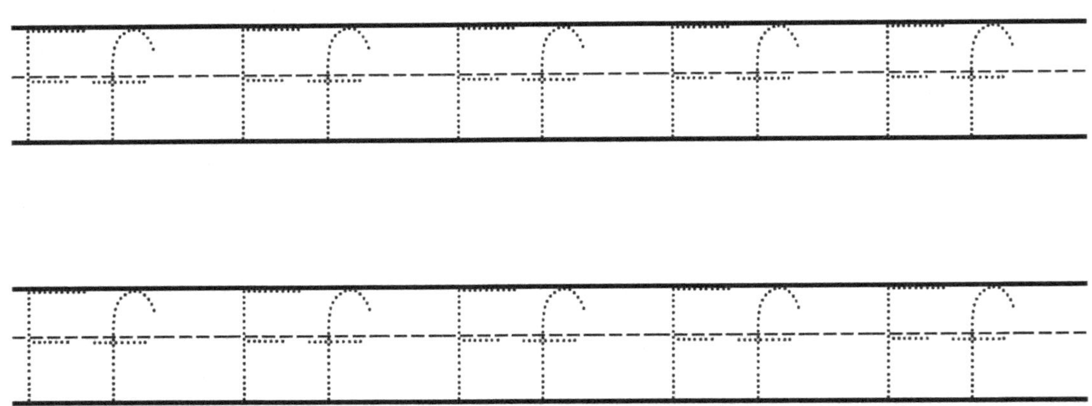

Bitte male die Bilder, die mit F anfangen an!

Buchstabe G

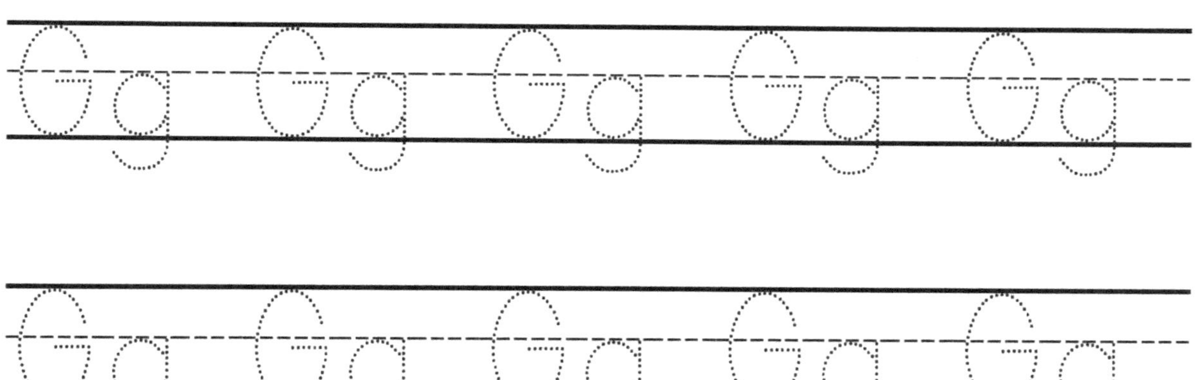

Bitte male die Bilder, die mit G anfangen an!

Buchstabe H

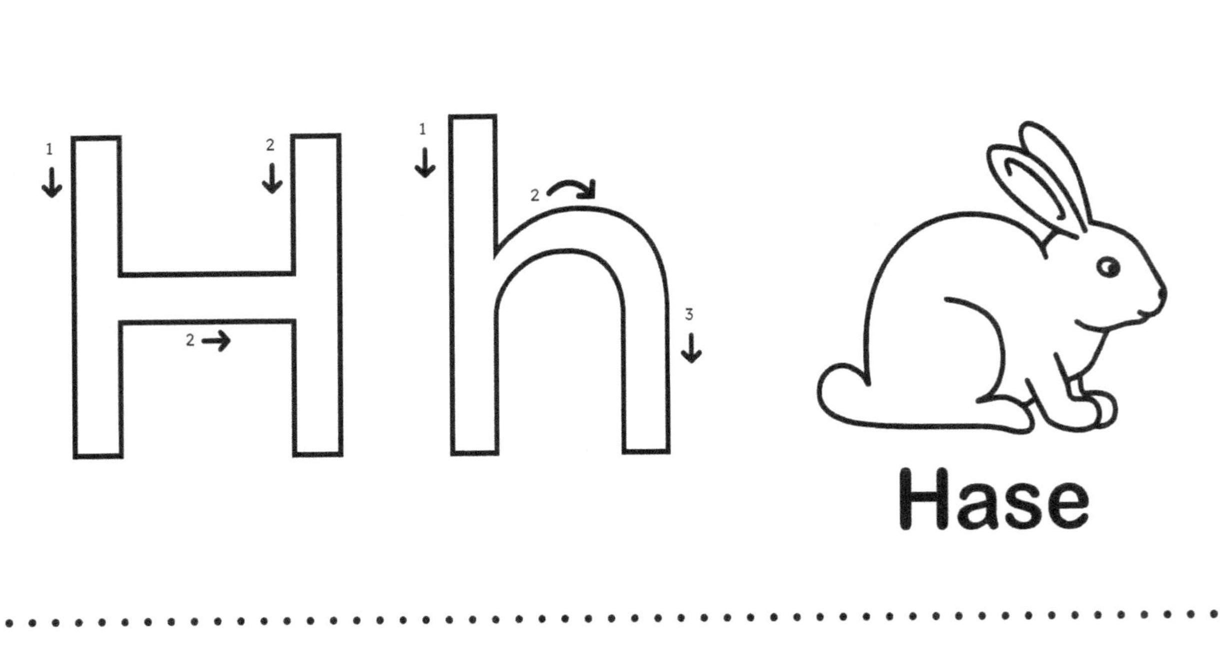

Hase

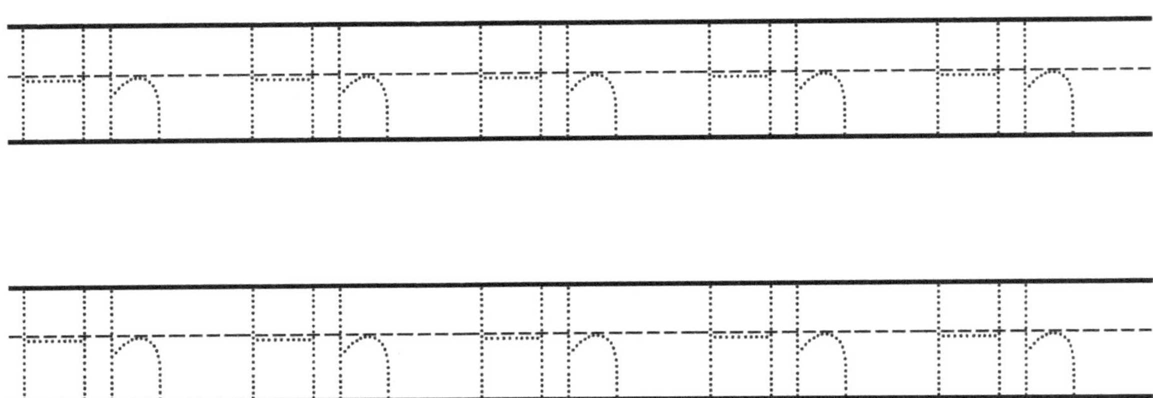

Bitte male die Bilder, die mit H anfangen an!

Buchstabe I

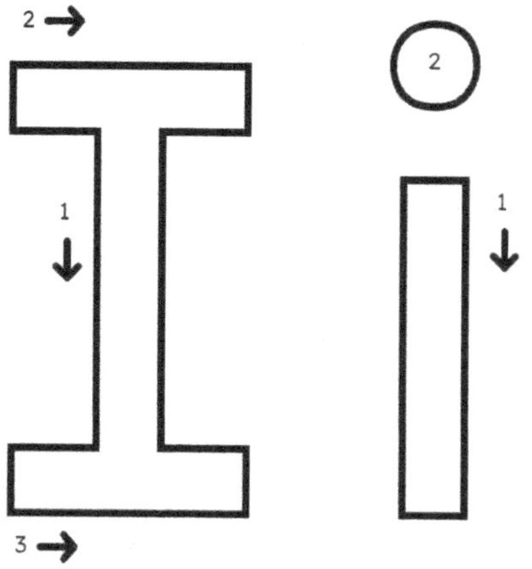

Igel

Bitte male die Bilder, die mit I anfangen an!

Buchstabe J

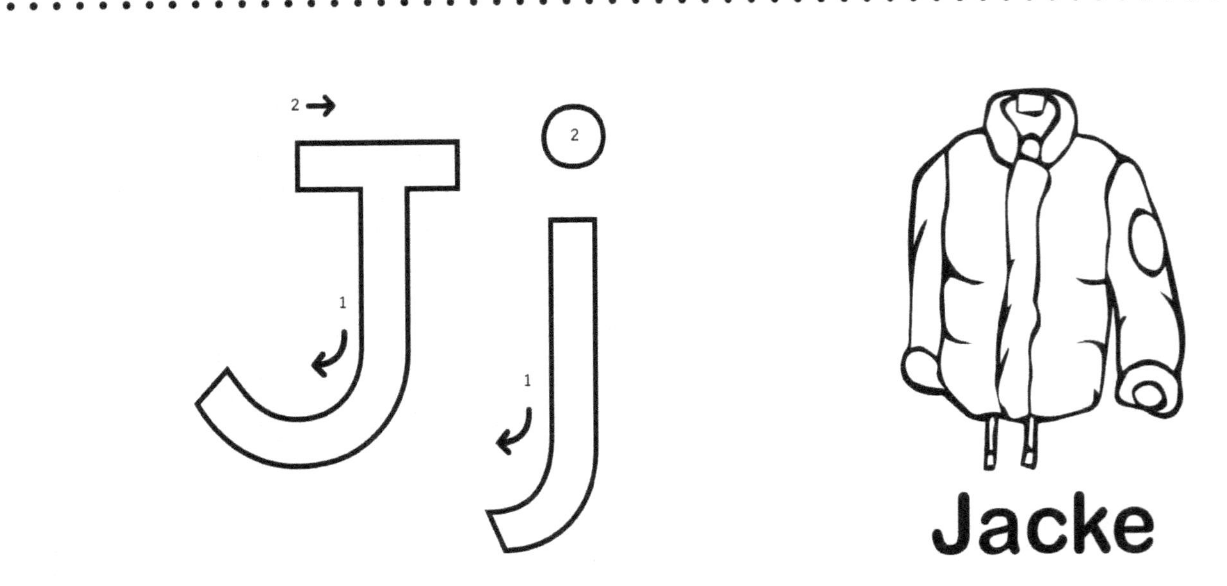

Jacke

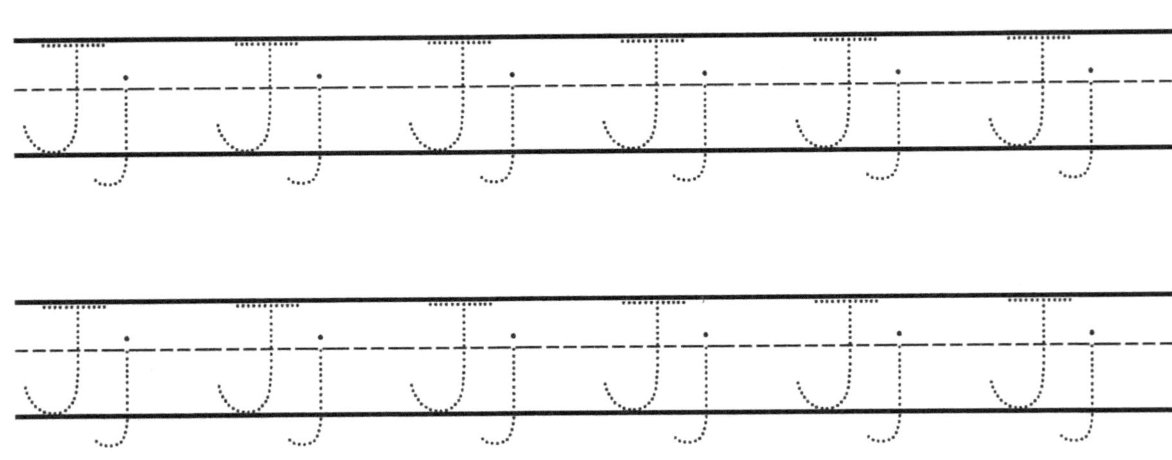

Bitte male die Bilder, die mit J anfangen an!

Buchstabe K

Krokodil

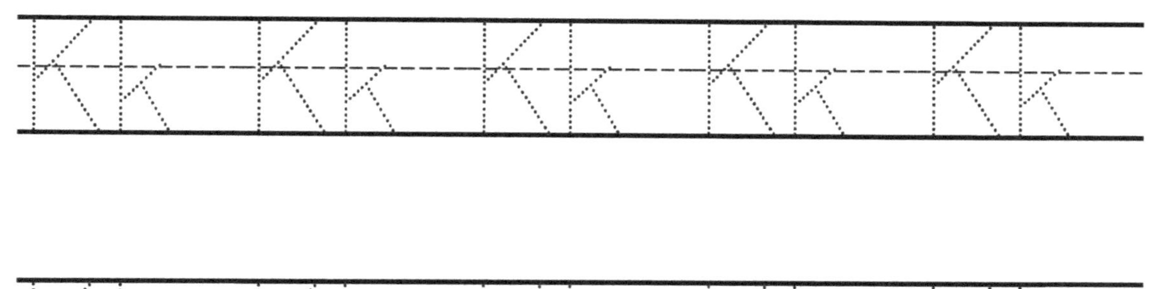

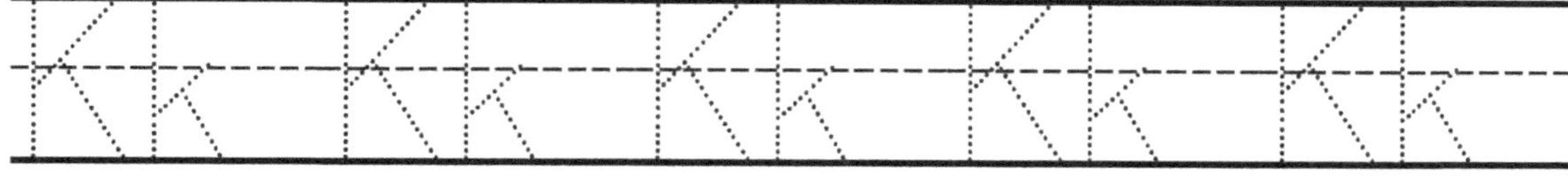

Bitte male die Bilder, die mit K anfangen an!

Buchstabe L

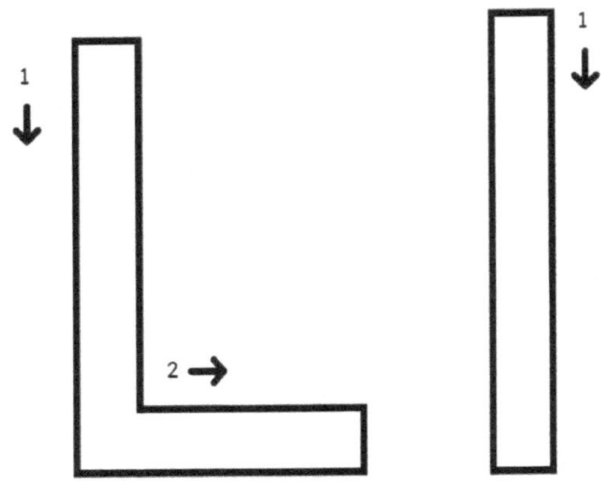

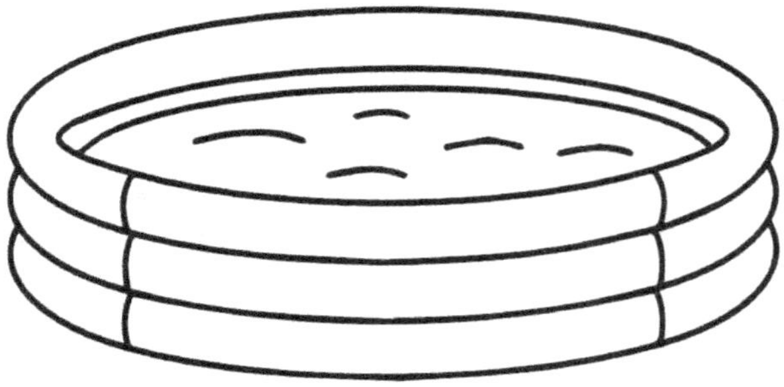

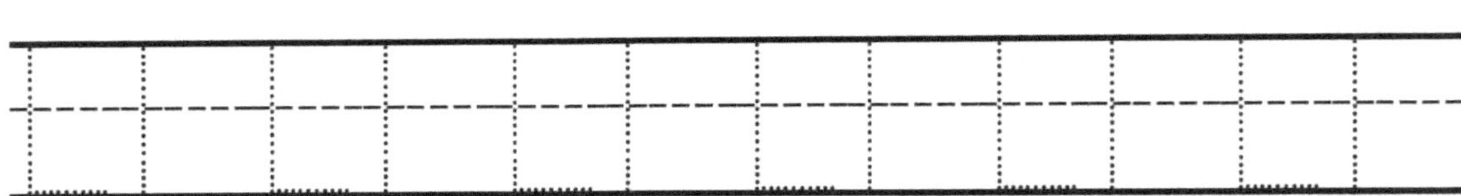

lache

Bitte male die Bilder, die mit L anfangen an!

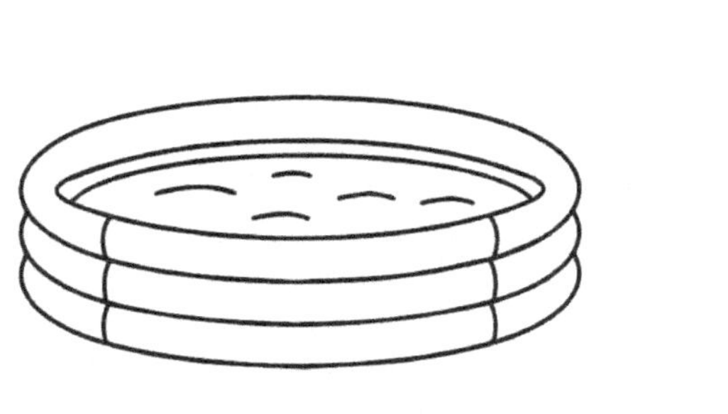  

Buchstabe M

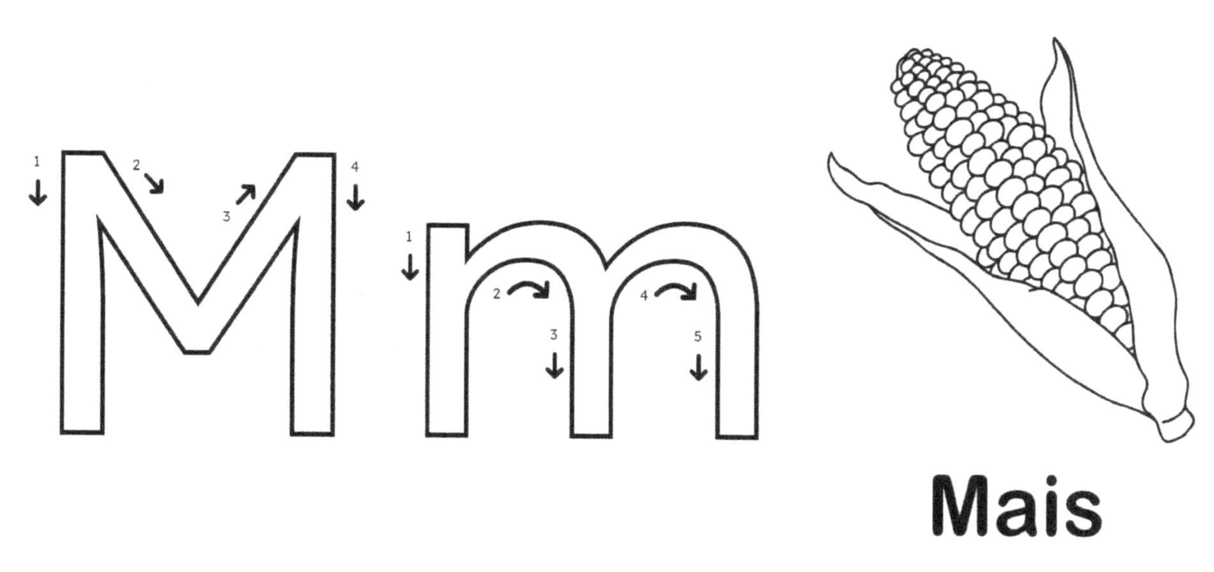

Mais

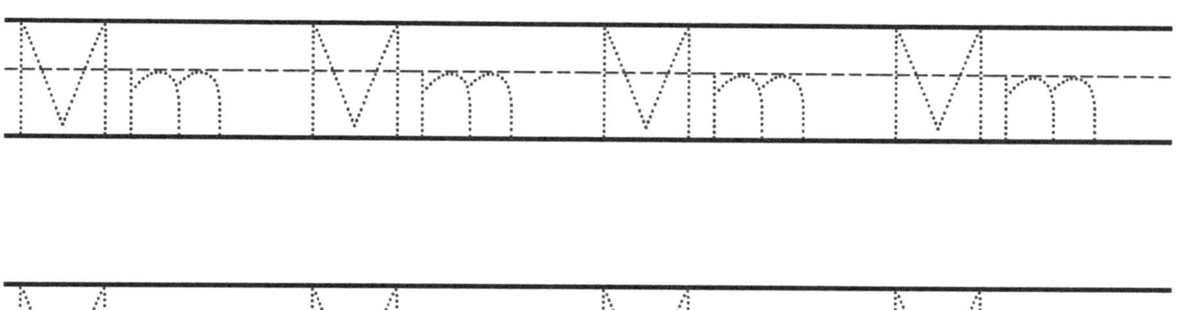

Bitte male die Bilder, die mit M anfangen an!

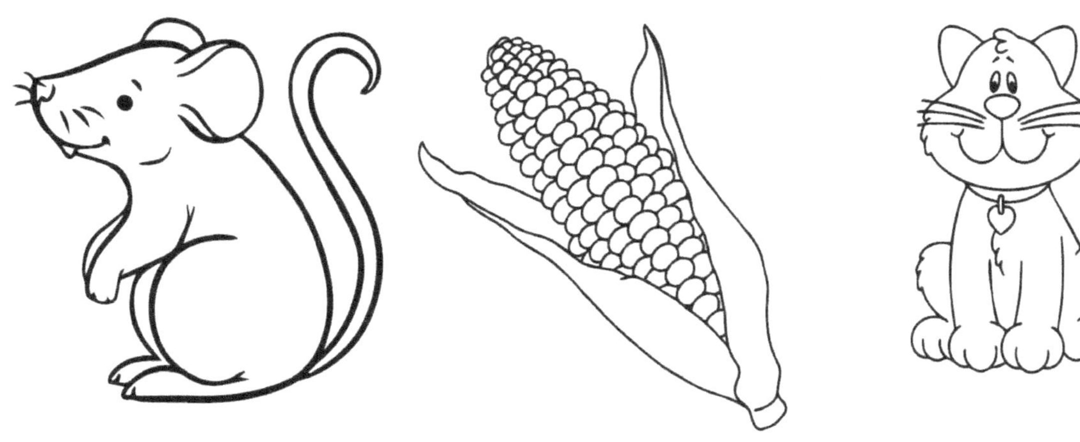

Buchstabe N

Nashorn

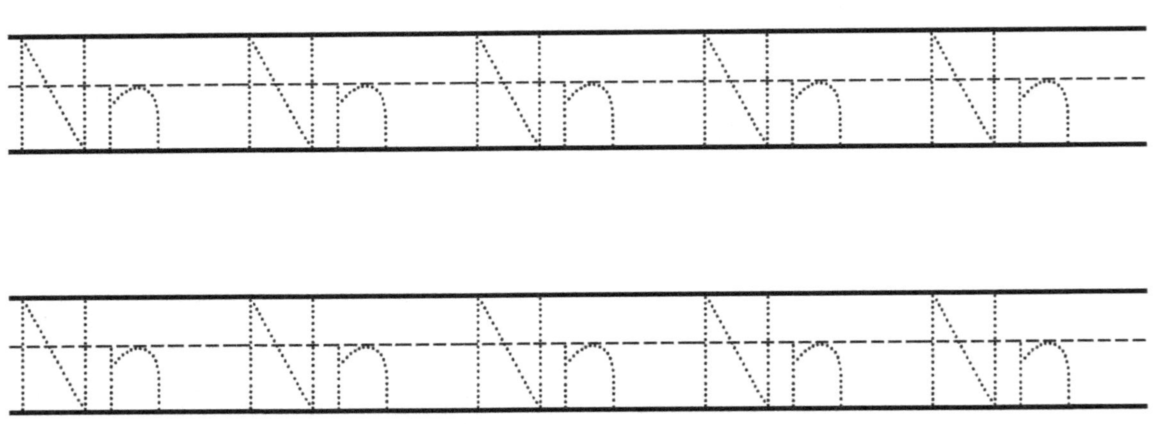

Bitte male die Bilder, die mit N anfangen an!

Buchstabe O

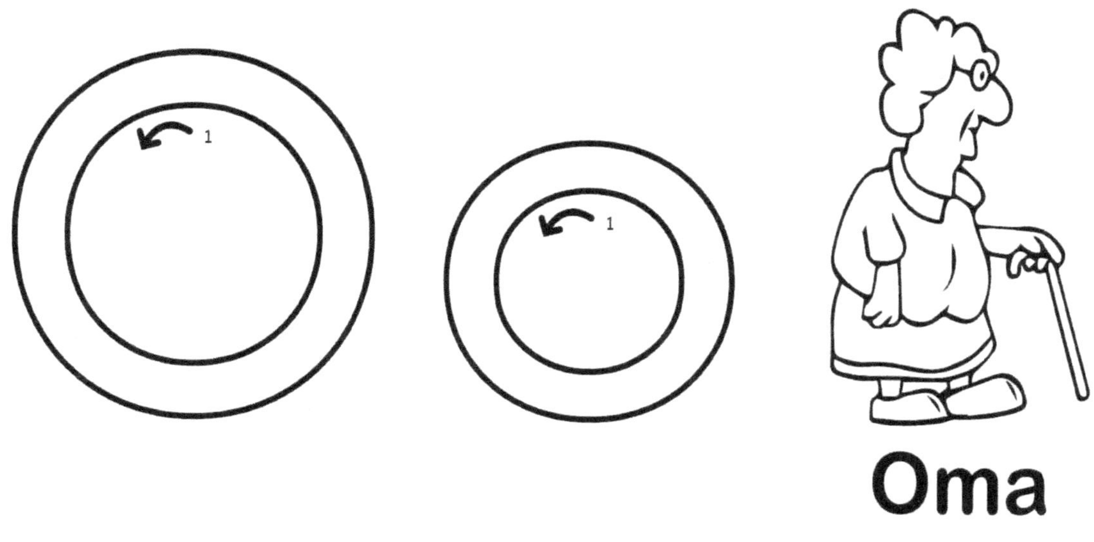

Oma

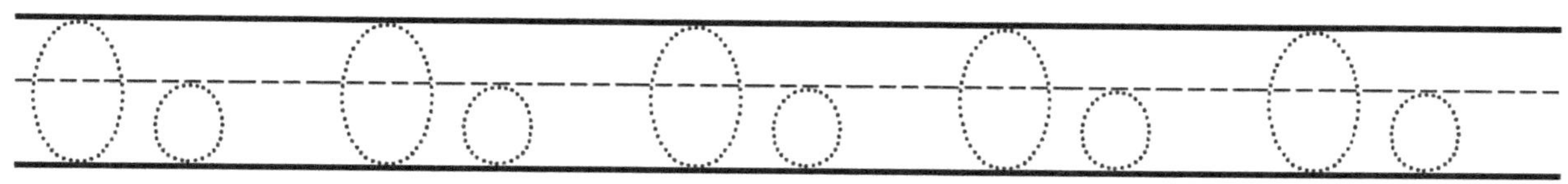

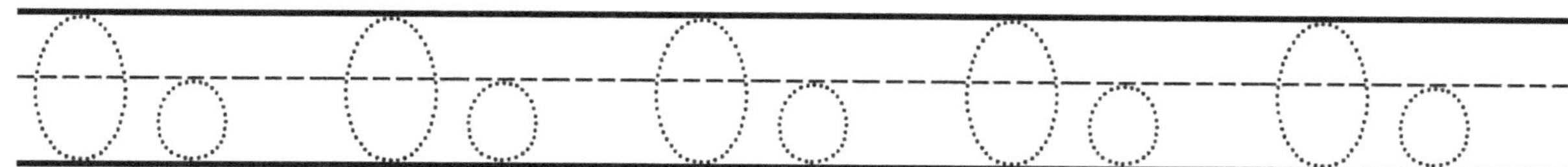

Bitte male die Bilder, die mit O anfangen an!

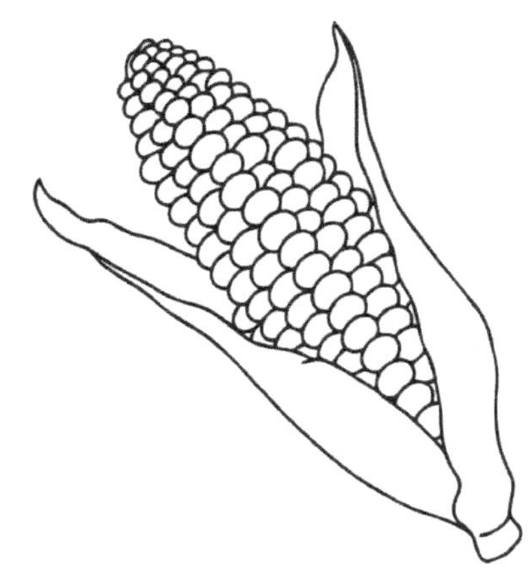

Buchstabe P

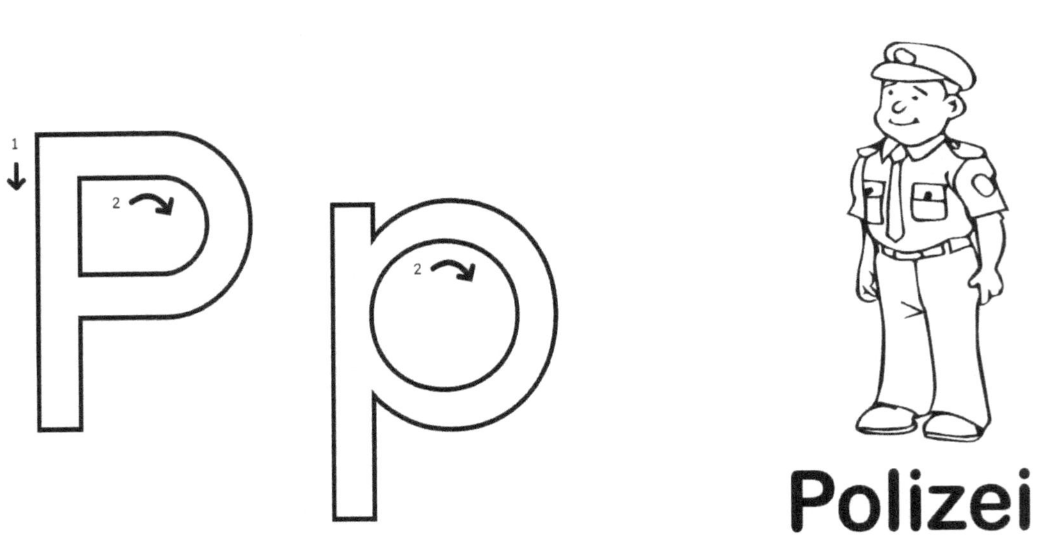

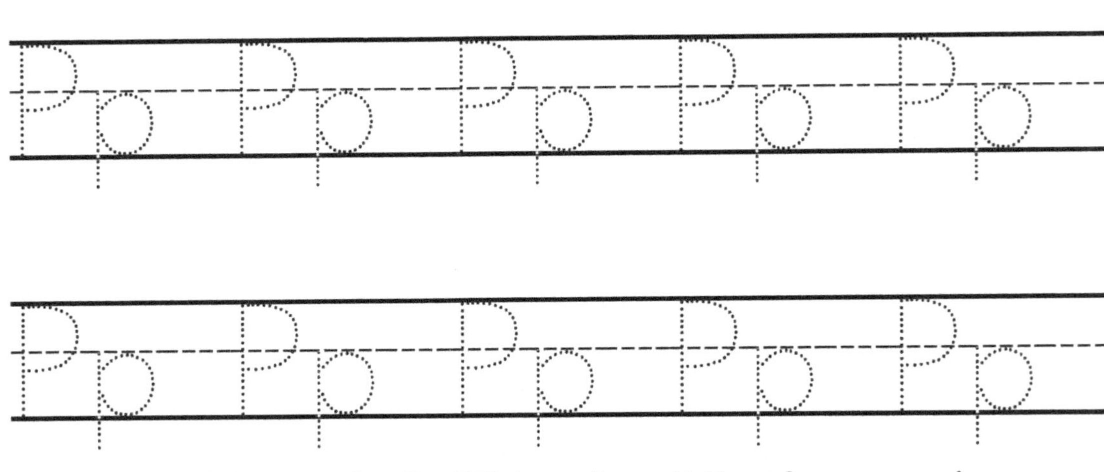

Bitte male die Bilder, die mit P anfangen an!

Buchstabe Q

Qualle

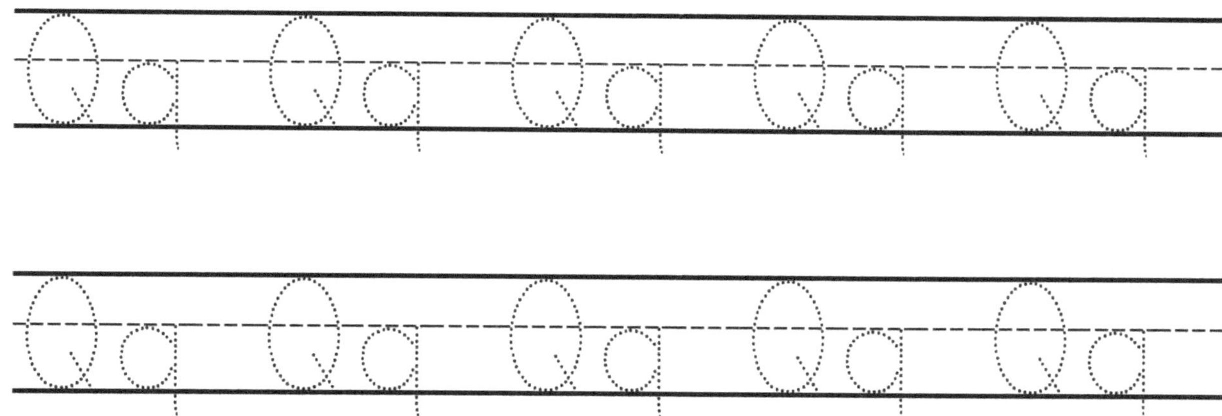

Bitte male die Bilder, die mit Q anfangen an!

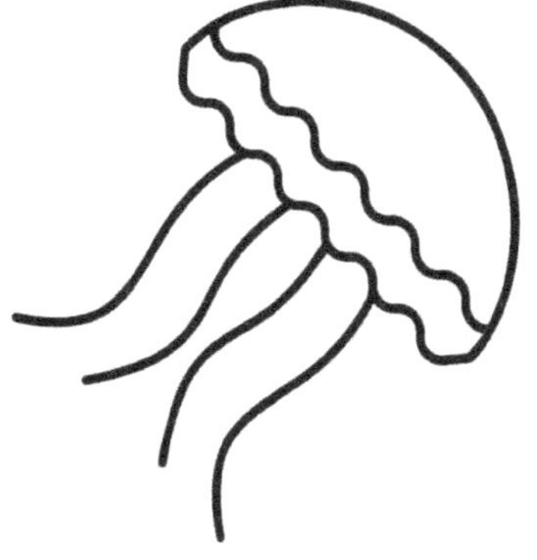

Buchstabe R

Rose

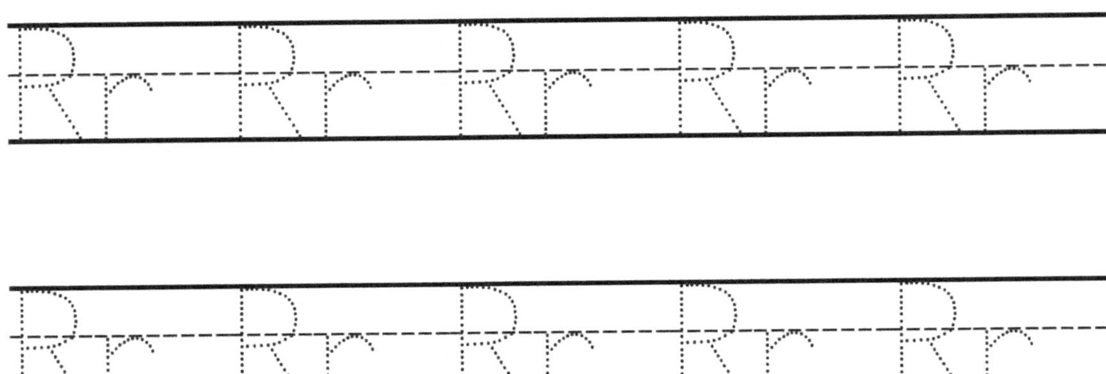

Bitte male die Bilder, die mit R anfangen an!

Buchstabe S

Bitte male die Bilder, die mit S anfangen an!

Buchstabe T

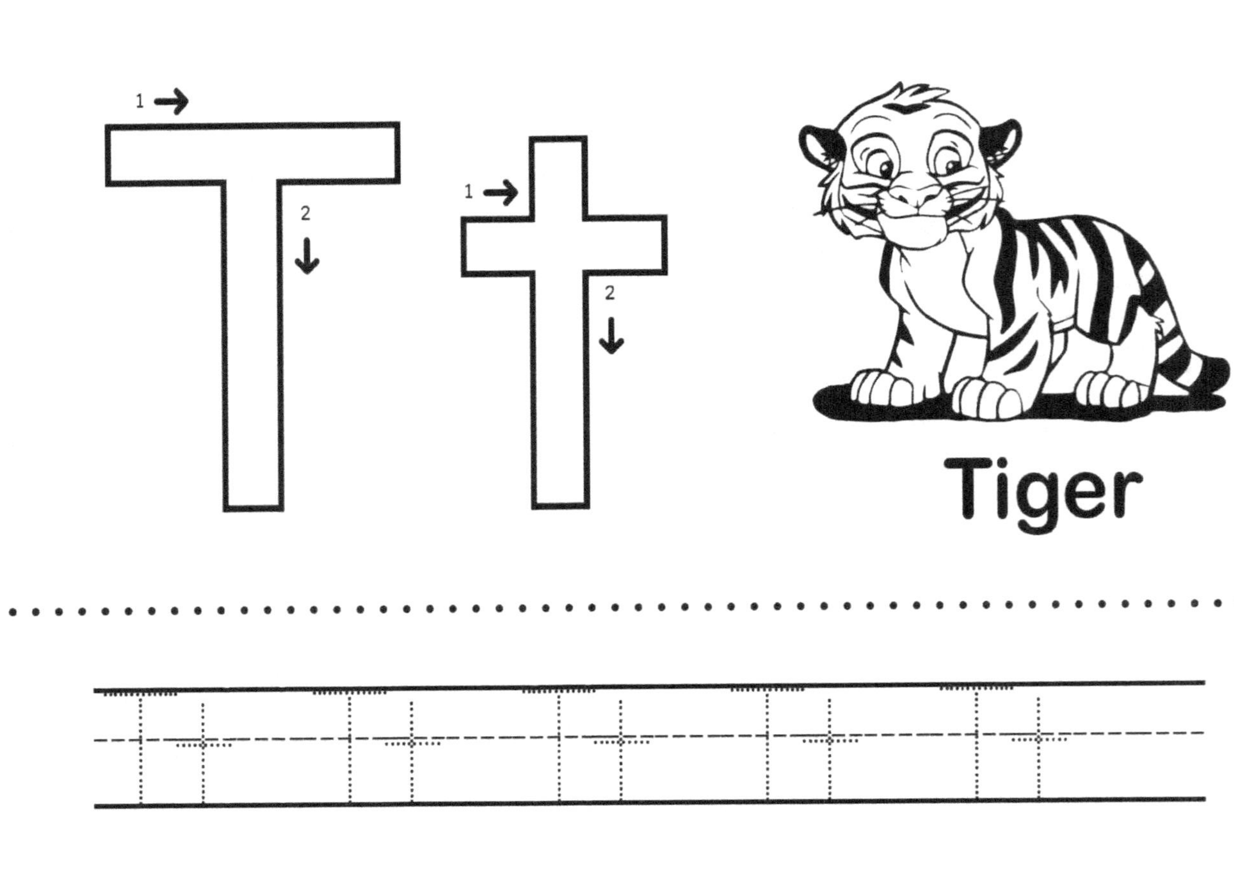

Bitte male die Bilder, die mit T anfangen an!

Buchstabe U

U u

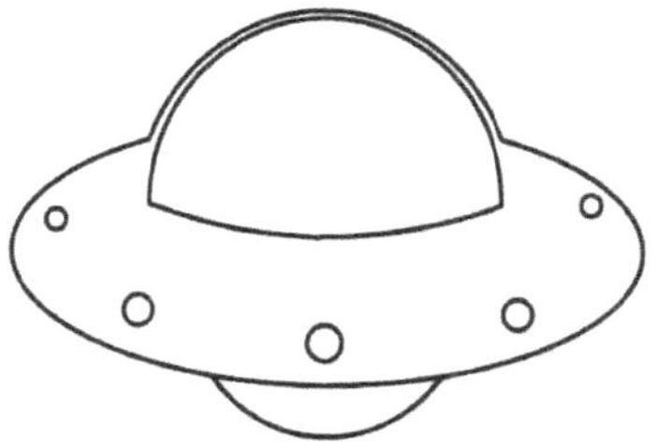

Ufo

U u U u U u U u U u

U u U u U u U u U u

Bitte male die Bilder, die mit U anfangen an!

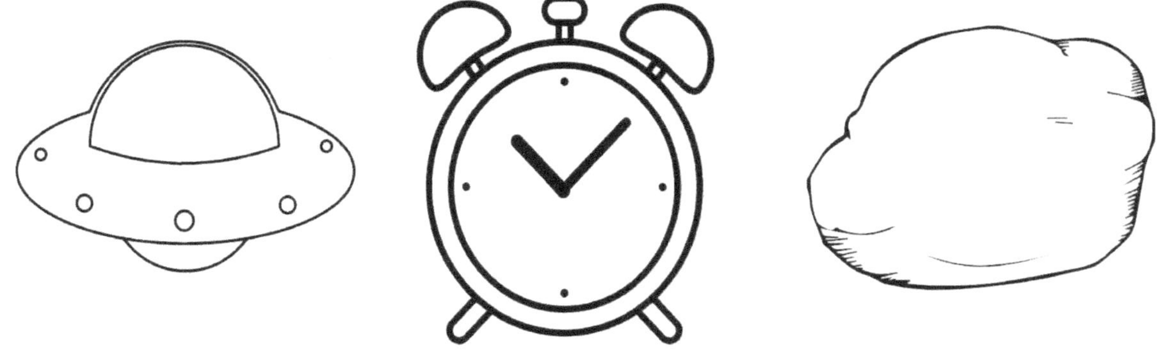

Buchstabe V

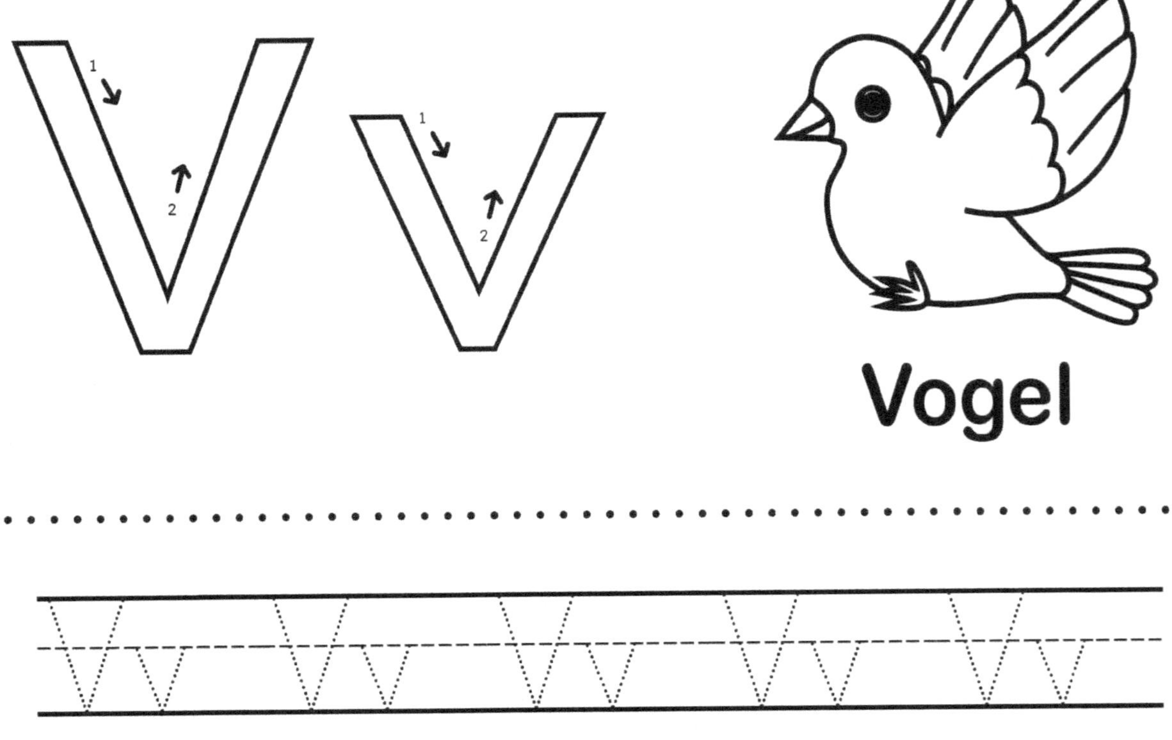

Vogel

Bitte male die Bilder, die mit V anfangen an!

Buchstabe W

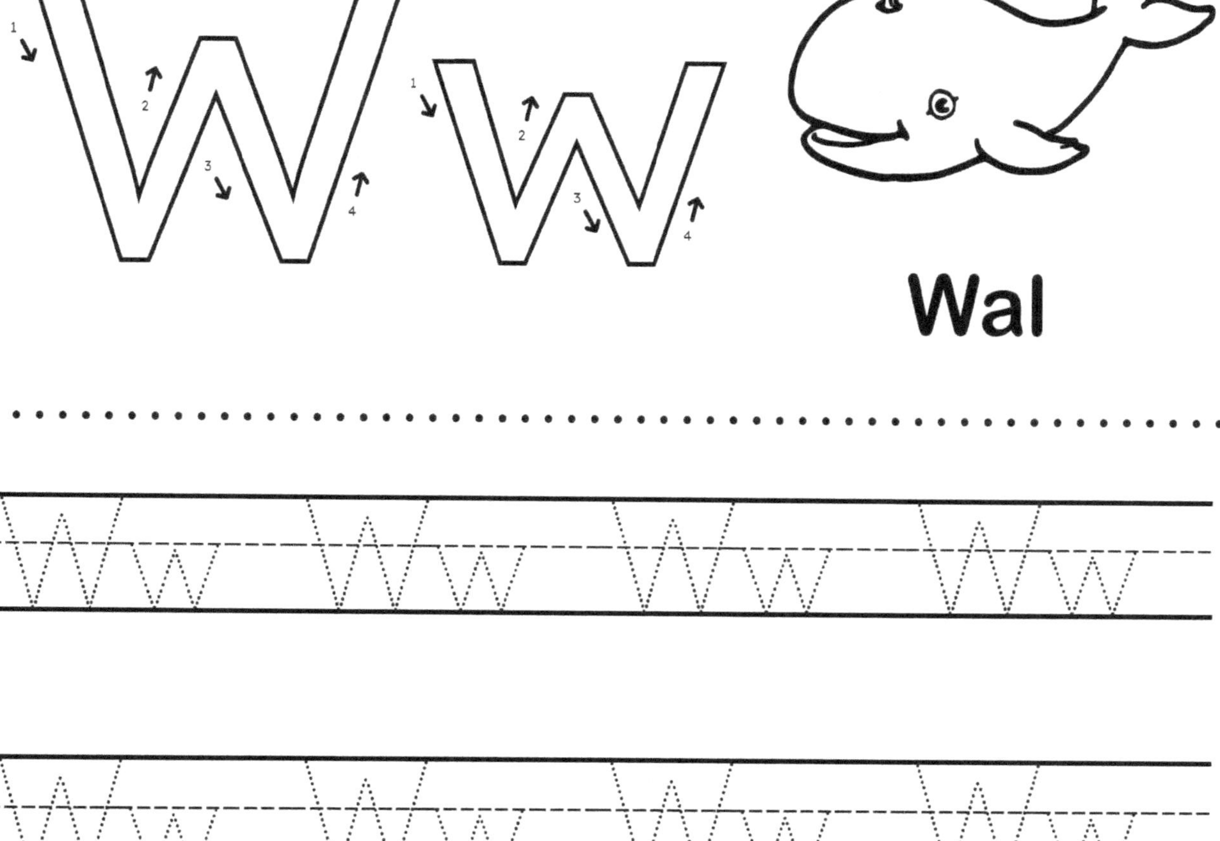

Wal

Bitte male die Bilder, die mit W anfangen an!

Buchstabe X

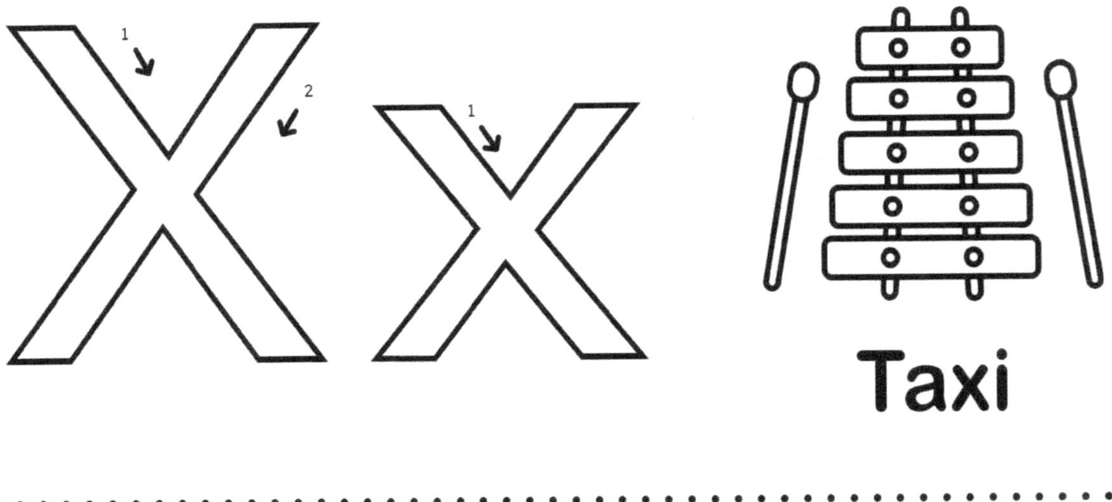

Taxi

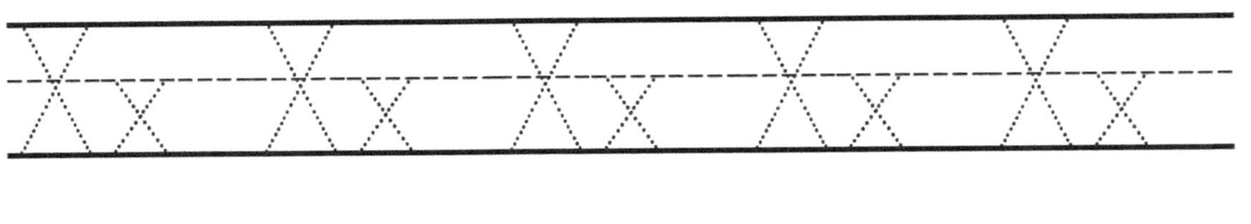

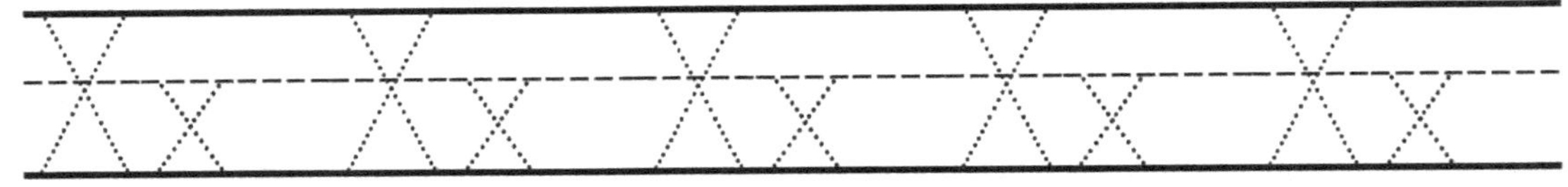

Bitte male die Bilder, die mit X anfangen an!

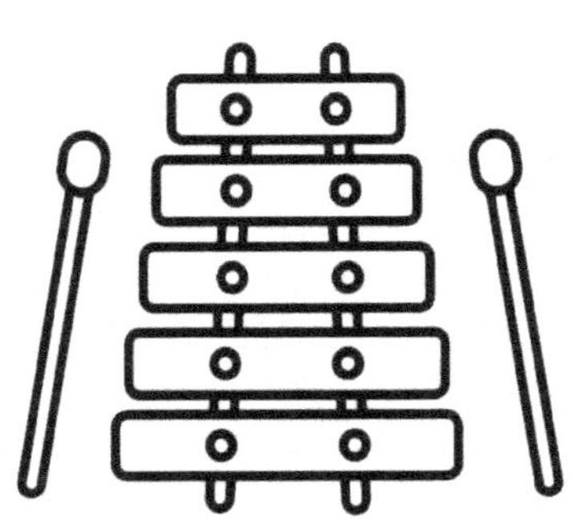

Buchstabe Y

Yak

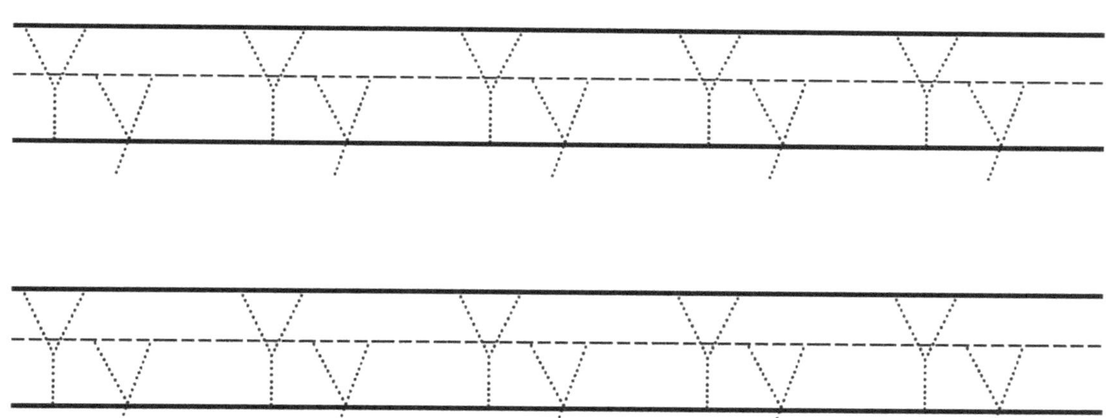

Bitte male die Bilder, die mit Y anfangen an!

Buchstabe Z

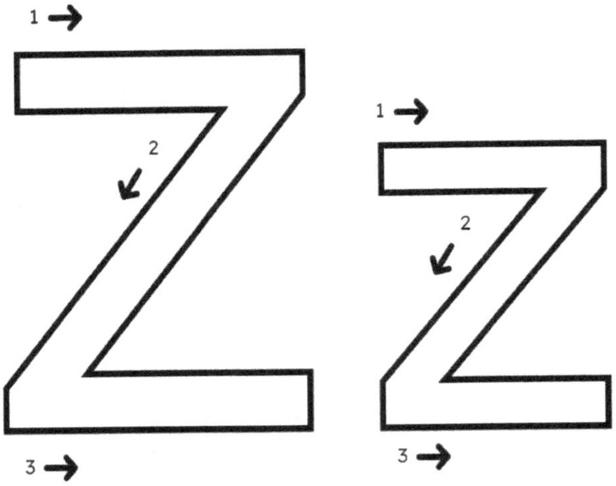

Z z

Zebra

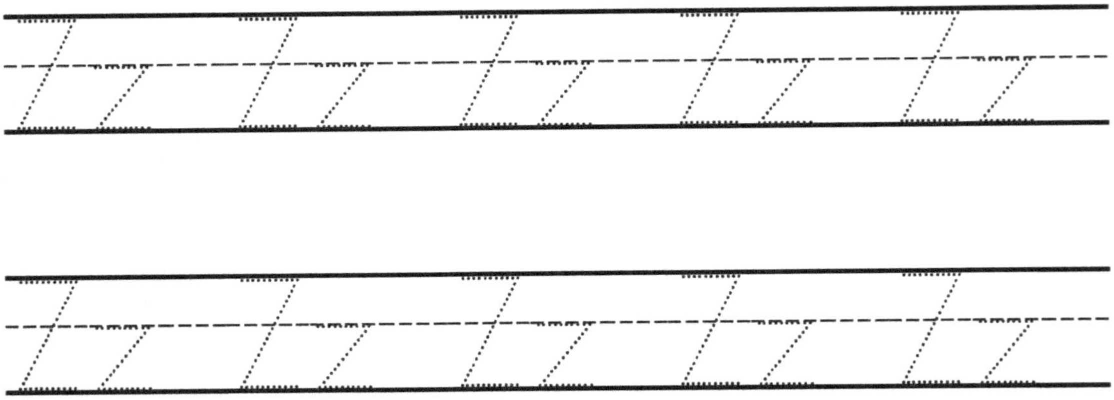

Bitte male die Bilder, die mit Z anfangen an!

Impressum:
Nattawuth Arumsajjakul
Lissaboner Straße 18
30982 Pattensen